Un hombre reservado

Buenas noches ¿Es usted el profesor Juan Ramiro Cruz?

Asi es. Usted debe ser el señor Boogie. Tome asiento

Preferí citarlo acá para hablarle del trabajo que quiero encomendarle. Siempre un lugar público es menos sospechoso

¿Desea beber algo, señor Boogie? Yo estoy tomando gin-tonic

Whisky

BOOGIE
EL ACEITOSO 6
FONTANARROSA

EDICIONES DE LA FLOR

Tercera edición: enero de 1997

© 1984 by Ediciones de la Flor S.R.L.
Corriti 3695, 1172 Buenos Aires, República Argentina
Queda hecho el depósito que dispone la ley 11.723
Impreso en Argentina. Printed in Argentina

Impreso en Argentina
Printed in Argentina

ISBN 950-515-634-0

Eso es todo. Procure ser discreto. Que no queden rastros
Oh... ¡Son ya las once! ¿Desea usted cenar?
No. Seguiré bebiendo
Yo también
¡Me gusta una cosa de usted! ¡No procura averiguar demasiado. No ha hecho preguntas sobre mí. Me gusta. Soy un tipo reservado
Es la una, profesor. Deberíamos irnos
Sí... sí... pero no piense que estoy ebrio...
Permítame
Sí... sí...

Procure... ser... discreto
Intente mantenerse de pié mientras yo retiro... ¡Oh! ¡Shet!
PLAF
Dígame su dirección... ¡Taxi!
34 street y... North...
¿Cuánto le...?
PAF
¿La señora de Cruz? Acá le traigo su marido
¡Oh! Gracias ¡Muchas gracias! ¡Muy amable!
Pero... ¿Dónde dejó la silla de ruedas?
Shet... un tipo reservado

Un rinoceronte

PTAF-PTAF
PTAF-PTA
PTAF
Ohhh... no he pegado ningún tiro... ¿Cómo...

¿¡Cómo puede ser, Boogie ?!
Esos rifles son una bosta Clemence

Es cierto
Tal vez si se pone sus gafas
KTRAC-KIRAC
AC
¡Toma, sucio rinoceronte!

¡Oh God!.. No le he pegado... ¿Cómo...
Vamos Clemence Ese rinoceronte sabe su oficio
Espera... espera...
Ya me ha hecho enojar
Veremos si te mueves ahora cerdo
BRO
SHOT

Allí sigue él , Clemence
¿Cómo... cómo es posible ?
TEN SHOTS
TEST VIMUR
Tírate al suelo Clemence
BRROOWM
Me gustaba realmente este oso de felpa Boogie
Lo noté Clemence

Una cuestión de dignidad

El sostenía que el lugar de la mujer es la cocina. Fregando pisos. Cuidando críos...

Me daba una cantidad de dólares miserable y yo tenía que hacer verdaderos milagros para comprar comida...

...pagar los impuestos y vestir a los niños. Pero cuando pensaba en abandonarlo, me decía:

¿Cómo conseguiré dinero yo sola?". No sé hacer nada. No tengo oficio ni profesión. Entonces...
...seguía rogándole para que me diera unos sucios dólares
implorándole para poder comprarme un cosmético o un par de zapatos nuevos
Me sentía una basura, Boogie ¿Me entiendes? Es una cuestión de dignidad
Hasta que un día me cansé y abandoné a Herbert. Comprendí que no hay real independencia sin independencia económica

...y decidí lanzarme a la lucha por el dinero con lo único que yo tengo: mi cuerpo

No mires ahora Boogie, por favor

Y acá me ves. Gano bien. Mantengo a mis hijos y me sobra dinero para estudiar alemán

¡VAMOS!

¡Y ahora, señoras y señores: "Belinda, la Pantera" en lucha libre contra la perversa enana Sophie en nuestro ring de barro!

Todo lo humano me es ajeno

¡Pero Boogie...!
No me agotes, Marcia. Debo ir al cine. Sé que ponen una nueva versión de "Jack, el Destripador"
Admiro a ese tipo. No tenía estilo. Pero hacía lo suyo con verdadero cariño
¡Oh God!/¡Pueden masacrarnos a todos frente a tus narices y tú solo piensas en ver una película!
Perdonen ustedes
¿Viven en este barrio?

Yo no. Mi amigo si
Muy bien
Han matado a un hombre ¿Querría usted acompañarme?
Puede que lo reconozca...
Shit... Mire sargento...
Okey... okey... Vamos a verlo
No, sargento. Jamás en mi vida he visto a este sujeto

Gracias de todos modos. Seguiré consultando
Me desconciertas, Boogie. Tras tu aparente indiferencia, a veces colaboras...
¡Shit! "Jack, el Destripador" está por comenzar
Oh Boogie... ¿De dónde has sacado ese diario? ¡No me digas...
Tomé solo la parte de los cines, Marcia .... ¡Shit! La sangre tapa parte de los horarios...
THE BEST
MURDE

El mismo tipo de hamburguesas

Oye Nick...¿Quién será su peinador? ¿El Destripador de Boston?
A usted le estoy hablando, señorita
Usted se confunde
Si, me confundo. Porque no entiendo a tipos como tú. Y todo lo que no entiendo es peligroso. Por lo tanto, márchate de acá, sucia cosa

Déjeme explicarle... déjeme explicarle. Ocurre que me sentí ahogado por la masificación

Millones y millones de personas vestidas igual, uniformadas, aceptando como borregos lo que nos vende la televisión

Nos hicieron creer que escapábamos a la formalidad, a la costumbre, con la ropa tejana. El jean iba a redimir a los jóvenes, nos iba a personalizar ¿Y qué pasó?

Todos nos uniformamos con jeans. Camisas, pantalones, camperas. Un ejército de jóvenes vestidos con jeans. Comiendo el mismo tipo de hamburguesas. Escuchando la misma música

Cuando me di cuenta de aquello me rebelé. Busqué nuevas formas de vestir, de pensar, de actuar

Quise diferenciarme. Y lo conseguí. Usted lo notó

Debes admitirlo, Boogie. Al menos, el chico logró su objetivo

Pero no se te ve alegre

Es que ahora me siento solo

El sargento Mahoney

La persona que mejor me trató en mi vida fue el sargento Mahoney, de la Infantería de Marina...

...que una vez me dijo: "Mañana lo voy a moler a palos."

Y al día siguiente se olvidó

Mahoney supo enseñarme cosas fundamentales

¡Soldado Gadocha!

¡¿Llama usted a esto un par de botas bien lustradas?!

N....no...
"No"..... ¿Qué!?
¡No señor!
¡Señor sargento primero Creed Silver Mahoney!
¡Señor sargento primero Creed Silver Mahoney!
¡Es usted un miserable gusano imbécil!
¡Si señor!
Repita conmigo: "Soy un miserable gusano imbécil"!
¡Soy un miserable gusano imbécil!
¡Cuerpo a tierra!

¡Bese mis botas, Gadocha! ¡Las lustrará con la lengua si es necesario!

Y ahora escuche, imbécil, escuche bien.

Ese pie que le pisa la cabeza pertenece a alguien que quiere hacer de usted un hombre que pueda defender el orgullo de los Estados Unidos

¡Un hombre digno, Gadocha! ¡Ahora arrástrese por el barro y repita:"Soy un miserable gusano imbécil"!

Ese hombre me enseñó la dignidad, Boogie

Demás está decirlo

La propia forma de morir

"Permiso"

"Pertenecemos a la Liga de Lucha contra el Cáncer. No siga usted envenenando el aire que respiramos"

"¿No hace usted nada para dejar de fumar?"

"Sí, señora"

"¿Saborea pastillas?"

"No. Mastico tabaco"

Se está usted suicidando, mi querido
Cada uno tiene derecho a elegir su propia forma de morir
No, usted no tiene derecho a destruir un mecanismo tan precioso como el de nuestro cuerpo humano
Permiso
No lo haga usted más
Ya no quedan dudas de que esta porquería origina el cáncer
¿Cuánto fuma usted por día ?
Diez
Diez cigarrillos. No es mucho
Pero es un alarmante síntoma
Diez atados

¡Oh Dios! El suyo es un caso de cínica falta de voluntad. Permiso

Tal vez usted piense que mis métodos son algo drásticos...

...pero me comprenderá cuando le explique que...

CRAC

Le dije que cada uno tenía derecho a elegir su propia forma de morir

Ya lo creo. Ella estaba muy enferma

¿Quién mató a Tony Frangié, en Ehden?

—Boogie, queremos que vaya a El Líbano a combatir por nosotros.

—Pero no queremos que vaya solo por el dinero. No nos interesan los mercenarios

—Quien combate por dinero, bien puede luchar por el otro bando si le ofrecen más

—Por eso queremos que usted vaya convencido de la justicia de la causa por la cual lucha

Déjeme que le explique: Beirut no es El Líbano. Es una vidriera. Para los sunitas y los chiitas El Líbano está en Saida, Tiro
Para los drusos en el Chuf para los cristianos en el Kesruán y en el monte Líbano
Es importante tener armas. Los maronitas de Zghorta siempre las han tenido
En Saida, en el 75, las fuerzas de seguridad mataron a Maruuf Saad diputado nasserista. Chamoun se atribuyó el asesinato
En abril las secciones Kataeb de las Falanges se alertaron
Lo que pasa es que Kamal Joumblatt había tomado partido por los palestinos y los musulmanes
¿Querían los Gemayel el asesinato de Tony Frangié en Ehden?

¿Podemos decir que un druso convertido al hinduismo y al socialismo es musulman?

Los drusos, como los alauitas y los ismaelitas se llaman musulmanes chiitas

Es importante diferenciar entre si a los palestinos de Habache y Hawatmeh, los griegos católicos, los extremistas de derecha prosiria, los armenios, los musulmanes de Rachid Karamé, los Fatah de Arafat, el ejército del Líbano árabe, los sauditas, los kuwaitis,

los morabituns, las milicias cristianas de Haddad, los Cascos Azules los coptos, los falangistas maronitas, los guardianes del Cedro, las brigadas especiales de Rifaat el Assad, los kataeb y los zghortiotas

Atrás está el dinero de Kadaffi, Siria, Irak, Arabia, los Emiratos, Argelia, Jordania, Irán, Egipto la KGB, la CIA e Israel
Estudie un poco, Boogie, y verá que...
Olvide su propuesta Bechir
Si hubiese sido bueno para el estudio, no sería mercenario

Un trabajo para intelectuales

Y ese tipo buscará el ruido de la fiesta. Aturdirse. Tapar su problemática. No es un melancólico. Ni un depresivo. Reemplazará su neurosis conflictiva con un impulso lúdico
Entraremos allí y le dispararemos. Tal vez procure distraernos. Pero no resistirá. Ese tipo de personas no son agresivas
Toma. Acá he anotado todo. Datos Estudios de carácter
No debes sorprenderte. Lo que ocurre es que, hasta ahora, este trabajo ha estado en manos de ineptos

Brutos, solamente aptos para apretar el gatillo. Cuando se trata de un trabajo para emplear esto, Boogie. El cerebro
Un trabajo para intelectuales. Para estudiosos.
Es la hora, Boogie
Ven... crucemos el jardín
Observa el cuidado de estas azaleas. El dueño de casa tiene una personalidad refinada. No cometería la torpeza de poner custodios

La fiesta está en su clímax. Aprovecharemos la confusión
¡Oh...! ¡No!
No.... No podemos entrar, Boogie
Allí adentro está mi analista. No resisto verlo fuera de sesión

El más anónimo de los seres

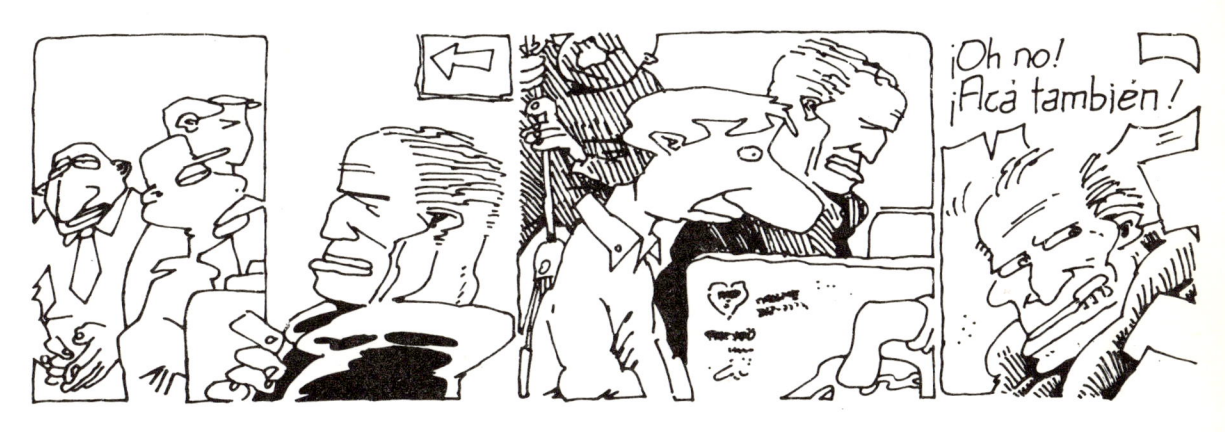

¡Por favor.... Boogie!
¡Fuera imbéciles! ¡Dejen tranquilo al señor Ladd!
Esto es infernal...
No puedo salir a la calle. La fama me agobia
Quisiera cenar en paz. En un lugar donde nadie me conozca

Venga. Iremos a un pequeño restaurant escondido. Lejos de los fans y los periodistas
Estoy agotado. Ciertamente agotado. Quisiera ser el mas anónimo de los seres. No tengo intimidad, privacidad, reposo.
A veces pienso en hacerme la cirugía estética. Cambiar mi rostro y poder caminar tranquilo por las calles como un ciudadano común
Acá casi no hay nadie. Me han dicho que se come bien
Vigile que no vengan camarógrafos

Yo desearía trucha salmonada con salsa búlgara
Perdón señor...
Se nos ha terminado la salsa búlgara
Vayan a comprar
Es muy tarde y...
¡IMBÉCIL!
¡¿NO SABE CON QUIÉN ESTÁ HABLANDO!?
¡Boogie!
ZOK
PAF
ignorante

Un estremecedor poder latente

— Ustedes han venido a matarme

— Lo sabía antes de que abriesen la puerta. Noonan no me perdona lo que le hice a Myrtle. ¿Han traído armas?

— No. A las aves de corral, mi abuela, simplemente, les retorcía el pescuezo

— Su afecto por las manualidades tampoco le dará resultado, amigo. Están ustedes bajo mi control mental

— Llevo veinte años experimentando la energía de la mente

Desarrollando el aún desconocido y estremecedor poder latente del cerebro humano
Llenando salas de conferencias. Asombrando a la gente con mis poderes extrasensoriales desatados
¿Crée usted en la parapsicología?
No creo ni en la penicilina
Puedo concentrarme y hacer que su cabeza estalle, amigo, como si tuviese una granada adentro
¿Sí?
¿Quiere probarlo?

KPOW
¡Oh, Boogie! ¡Esto es horrible! Tu poder mental es infinito
Le disparé desde el bolsillo
No escuché el disparo
Tenía el silenciador
¿Temiste que te destruyera?
No creo en la parapsicologia. Pero... ¿para qué arriesgar?

Una fea mancha en el pulmón

—Estoy realmente preocupado Boogie...... No siento nada

—He llegado a una insensibilidad cercana a lo mineral

Días atrás, a mi madre le descubrieron una fea mancha en un pulmón

El médico me confesó que había un 95 por ciento de posibilidades de que aquello fuese irreversible y fatal

¿Tú piensas que me conmovió? ¿Que experimenté algo?

Mi psicoanalista me dijo que tal vez estuviese aturdido por la noticia. Confuso

Pero yo sabía que no era así

— El diagnóstico me había causado la misma impresión que si me hubiesen dicho: "Llueve afuera"

— Ayer me llamó el médico nuevamente. Me dijo que había habido un error. Que mi madre estaba totalmente sana. Que el ecógrafo había tenido una falla incomprensible. Que lo disculpara.

— Y tampoco sentí nada. Ni alivio, ni alegría, ni tristeza. Nada

— En cualquier hombre eso es terrible. Pero en un artista como yo, en un pintor que basa todo en la sensibilidad, es mucho peor

STRUFF

AAAGH HH
¿Has visto? ¿Has visto como aún sientes algo?
¡Bastardo! ¡Sucia bestia!
Oh, deberías agradecérmelo. Te he demostrado que aún hay cosas que te conmueven
Al menos por un tiempo no pintará esos horribles cuadros
Ooooo

Una opinión autorizada

—Hemos debido privarnos de todo para construirlo, señor Boogie. Ahorrando centavo sobre centavo. Pero Eugene siente verdadero terror por la guerra atómica. Y más que nada, sufre por los niños. Piensa en ellos. Tanto que él, personalmente, se ocupó en diseñar el refugio antinuclear.

- Pero temo que, en su apresuramiento, haya cometido errores
- El no tiene experiencia. Por eso yo quiero que usted lo vea
- Me dé su opinión. Usted es un experto
- Nunca estuve en un holocausto nuclear señora Templeton
- Pero estuvo en Vietnam. Podrá darme datos
- Aconsejarme sobre qué tipo de alimentos almacenar
- Esta debe ser la llave del sótano blindado

Nunca he venido antes. Eugene me lo tiene prohibido. Teme que me impresione. Dice que el refugio es sólo una precaución

No quiere que los niños, o yo, vivamos obsesionados por su imagen. Nos preserva

Pero yo quiero una opinión autorizada

Si desobedezco a Eugene es, también, sólo por los niños. Usted no...

¡Eugene!

Si debo darle una opinión, señora Templeton... creo que este refugio no es lo bastante seguro

Aquel ratón pequeño

"Yo no sé, Boogie. No sé cual es el problema"

"Lo cierto es que los hombres no se me acercan. O se me acercan y luego huyen. Desaparecen"

"Y te aseguro que yo hago todo lo posible por lucir bien"

Hago gimnasia. Me cuido.
Me doy masajes. Sauna
Sigo dietas alimenticias
Por otra parte... sabes que mi trato es correcto. Bah...
Común... Lógico...

Es raro Pued...
Oh Boogie ¿Cómo estás ?

Hola Pad. Ella es Linda
¡Oh! ¿Lynnda Carter! ¡La Mujer Maravilla!
Nada de eso

Caramba...debí imaginarlo... No eres "La Mujer Maravilla"... ¡Tú eres uno de "Los Angeles de Charlie! Fué una confusión

La misma confusión que tuvo aquel ratón pequeño que, al ver pasar un murciélago, corrió emocionado hasta su madre y le dijo: "Mamá, pasó un angelito"

Me fascinan los cuentos de animalitos

¿Conoces, Linda, el de la mamá hipopótamo que está educando su hipopotamito y le dice: "...Entonces, Dios nos creó a su imagen y semejanza..."

¿Te gusta?
Me encanta
Bué... bueno... Adiós Boogie. Fue un gusto verte

Oye Linda ¿No te cayó bien Pad?
Me pareció un tipo sensacional ¡Cielos! ¡Qué divertido es!

Pues poco caso le hiciste. No te sonreíste siquiera. Oye... ¡Él te hubiese invitado a salir!
Es que si me sonrío se me forman arrugas, Boogie. En torno a los ojos y la boca. Y con arrugas, los hombres no se te acercan

Lo habrían visto en Beirut

La propuesta es simple, Boogie. Queremos que vaya como instructor militar a El Salvador

¿Por qué yo? Tienen muchos en el Ejército

No queremos que tengan vinculaciones con el Ejército

Usted puede decir que va por cuenta propia

De acuerdo

Pero antes lo mandaremos a Zurich. Se le tomarán fotos allí. Y luego un hotelero de El Líbano jurará haberlo visto en Beirut

¿Para qué?

Tenemos que tener una coartada para demostrar que usted no está en El Salvador
¿Y quién podría demostrar lo contrario?
Ya ha habido fotógrafos que han fotografiado a instructores nuestros con fusiles M-16
¿Y eso qué tiene de malo?
Que solo podrá llevar armas defensivas. No fusiles de asalto
¡Necesitaré un M-16!
¿Para qué?
Para tirarle a los fotógrafos

No. Usted va solo como instructor. No deberá entrar en combate
No hay arreglo, entonces
Boogie. Es un buen dinero el que le ofrecemos. Sólo por viajar e instruír a la tropa
No hay arreglo, Coronel. Me está invitando usted a un banquete.
Con la condición de que no pruebe bocado.

Todos los aderezos

Parece mentira, Boogie, pero en la guerra me acostumbré a la comida vietnamita

Te aseguro que incluso desechaba nuestras raciones por la comida de ellos

Este es el lugar, Boogie. De paso hablaremos de lo que deseo proponerte

Pide esto, Boogie. Es puerco trozado con fideos de arroz
No te inquietes por mí, Flint. Luego comeré una hamburguesa
Nunca pude comer las porquerías que cocinan
En mí, influye algo mas que la comida. Tras la guerra, no me pasa bocado si estoy tranquilo, relajado
Necesito hallarme tenso, atento, inquieto

En este lugar todo me devuelve a aquel clima infernal. La música, los olores, incluso las conversaciones de los mozos significan para mí más que todos los aderezos que puedan ponerle a la comida

Recuerdo cuando comía en aquellas aldeas...

Alerta para detectar a mis espaldas el rumor de los Charlie procurando...

..:acuchi... ...Oh...

¡Atacan, atacan los Charlie!

¡Despierten! ¡Atrás! ¡Atrás!

CRASH
Tal vez no deberiamos permitirle mas la entrada. Pero viene siempre. Y no podemos darnos el lujo de perder clientes
Ahora entiendo por qué nos ganaron la guerra

En el rol de Laertes

Bien. Cuando usted nombra a Anthony Brodsky nombra a un triunfador, caballero. A un ejemplo de tesón, esfuerzo y perseverancia)¡...

A alguien que se propuso triunfar en el teatro. Pero no en el teatro pasatista o banal ¡No!

Comenzó como maquillador, pero su ambición era hacer Shakespeare. "Macbeth" "Otelo" "El Rey Lear"

Un solo problema se interponía entre él y sus propósitos

Era horrible actuando

—Perdone señora, pero tengo prisa

La misma prisa que poseía Anthony. Insistió e insistió en conseguir un papel en "Hamlet". Brian Detwal, nuestro director, le dió una oportunidad

Y le tomó una prueba en el rol de Laertes. Fué tan espantoso que muchos aún creen que representó uno de los caballos de "Equus"

Señora, deseo ver a Brodsky
Será imposible
Atormentado por el fracaso se suicidó hace pocos días
Nos dejó un mensaje solicitando que su calavera se usara en "Hamlet"
Y acá está. ¡Y estará en la obra! ¡Brodsky ha triunfado! ¡Lo ha logrado!
Bien. Ya que no pudo integrar el elenco, al menos integrará la utilería
Ooo

Un más equitativo reparto

—Lo cierto es que me resulta mejor venir al gimnasio los martes Boogie

—Sally tiene sus clases de Historia y...

—...si vuelvo a casa debo cenar solo. Por otra parte yo...

¡Shit! ¿Dónde está mi camisa? ¡Alguien ha robado mi camisa!

¡Será mejor que no lo agarre al que...!
¡Oh señor Boogie! ¡Lo siento mucho!

¡Ha sido el miserable de Rosario! ¡Lo ví salir con un bulto bajo el brazo!
¡Le pegaré un balazo en la frente!

El club se encargará de pagarle la camisa. ¡Es terrible! No se puede confiar en el personal de limpieza
No saldré a perseguir a ese bastardo
Llame usted a la policia Bradley. Que lo muelan a palos
¿Harás una denuncia, Boogie?
Por supuesto. Y espero que haya pena de muerte por robo de vestimenta
Oh... Boogie

Vas a lanzar todo el aparato represivo sobre ese pobre muchacho. Todos los guardianes del Sistema detrás de alguien que sólo robó una camisa ¡Una camisa! Quizás para abrigar a uno de sus tantos niños hacinados en un inquilinato marginal

Su delito ha sido decidir, por su mano, un más equitativo reparto de las riquezas

Su delito.... ¡Oh cielos! ¿Dónde están mis medias!

¡Mis medias! ¡Sucio negro asqueroso, robó mis medias!

Un guardián del Sistema

Sus fotos en la pared

Me llevé una radio, seis pares de zapatos de mujer, una estola y montones de cintas grabadas
¡Y anoche dijeron por televisión que a Leila Smart le habían robado valores de su auto y estaba desolada!
¡Leila Smart, Boogie! ¡Me vuelvo loco!
¿Quién es?
¡Oh Boogie! ¡Yo soy fanático de ella! ¡Es la estrella de la serie "Malibú Hotel"! ¡Tengo todas sus fotos en mi casa! ¿Cómo puedes no conocerla? ¡Yo amo a esa mujer!
Apenas me enteré que le había robado a ella, la llamé por teléfono y le dije que le devolvería todo
¿Todo? ¿Y dónde se lo dejarás?
No. Se lo llevo a su casa. Ya arreglé con ella

Pero... ¿A cambio de qué?
¡De verla! ¡De hablar con ella! ¡Que me firme un autógrafo!
Es muy peligroso, Stan. Te atraparán allí. Te estará esperando la policía
¡Oh no!... Ella fue muy amable Dijo que me prepararía tarta de manzana
¡Aquí es Boogie! ¡Adiós!... Oh... no puedo creerlo aún...
JET

En confuso episodio, un policía mata a un hombre que se hallaba en el departamento de Leila Smart. Al parecer, éste había ido a devolver efectos personales de la actriz

La rutilante Leila comentó sobre el suceso: "Había dado mi palabra de que no le haría daño. Solo llamé a un policía por prevención"

El policía implicado en el caso declaró al respecto: "Es cierto. Yo prometí a Leila no tocar a ese hombre"

"Pero lo hice sólo para poder terminar con ese delincuente. Su devoción por Leila lo perdió. Es increíble a lo que puede llegar el fanatismo"

Ngozi

Si lo he llamado, señor Boogie, es porque pienso que usted puede ayudarme

Sé que tiene usted conexiones con algunos centros de poder. Bien. Como le conté por teléfono, acabo de llegar de Bujumbura, capital de Burundi

Allí estuve seis años trabajando para una empresa sueca. Pero eso no es todo: allí me casé

Y quiero presentarle a mi esposa:
Ngozi
Ella pertenece a la tribu Gitega, en el sur de Burundi. Es una mujer excepcional. Claro... le cuesta un poco adaptarse a New York
Aún no ha podido, acá, preparar mi plato favorito: el murciélago a la cebolla. Lo mas parecido a eso lo consiguió en una casa de aeromodelismo

Panel 1:
—Yo temo que no le concedan la residencia, señor Boogie. Es lo que me inquieta. Tal vez usted pueda conseguirle un trabajo. Eso ayudaría mucho.

Panel 2:
—Ngozi es altamente sensible. Su apariencia puede resultar extraña, pero el hecho de que venere otros dioses y cultive otras costumbres no la hacen menos digna.

Panel 3:
—Proviene de una tribu de sólida cultura, con un infinito respeto por cualquier forma de vida: sea humana, animal o vegetal. Por lo tanto...

—Eso es lo mínimo que deseo para ella, señor Boogie: respeto.

Déjeme hacer un llamado telefónico señor Ronson
Oh, le gratificaré su ayuda
Todo listo, señor Ronson. Su mujer ya tiene trabajo
Mi amigo Yorgo Vassilius tiene un circo. Una negra como la suya será una atracción formidable
¡Pep...!
¿Qué? ¿No pensaría comenzar como baby-sitter, no?

Momento de decisión

"Bien Garry. Bien. Ahora tú estás marchando por el monte y te topas con una patrulla armada con un lanzacohetes R.P.G-7 soviético"

Tu llevas tu calibre 30, las granadas y la bazuka descartable LAW
¿Qué eliges?
¡Oh... Diós! ¡Granadas de fragment.....! ¡No! ¡La baz....! ¡No!
¡Les disparo con la am...
¡Imbècil! ¡Ya estás muerto! ¡En tanto piensas como atacarlos ya te han destrozado!

Sabes que es lo fundamental en un combatiente ?¡La decisión! Decidir lo mejor en una milésima de segundo ¡No sirves para nada!
¡Por eso quise tomar clases particulares, señor Boogie! Sé que hay campamentos dónde se entrena a quienes quieren ir a Nicaragua...
Pero yo prefiero las clases individuales Sé que es mas costoso. Pero, por suerte, mis padres siempre han tenido dinero para pagarme los mejores maestros
Hay algo que no me explico muchacho
Si tu familia tiene dinero para darte...¿Por qué eliges Nicaragua? Ese infierno de subdesarrollo y atraso

Mira, actualmente tienes guerra en 45 naciones. Puedes ir al Libano, Chad, Etiopía, Angola, Camboya, Timor Oriental en Indonesia, donde tienes las islas más bellas del Océano Indico
SEA OF
LAND
¡Alli! ¡Alli iré yo! ¡Timor Oriental!
Bravo muchacho. ¡Haz mejorado tu velocidad de decisión! ¡Optaste por lo mejor en un instante!
¡Hoy mismo sacaré mi pasaje!
Con tanta gente que me conoce en Nicaragua... ¡Qué mal me hubiese hecho quedar este inútil!
Ooooo

Un artista, chico

Panel 1: No te enojes luego si te contengo

Panel 2: ¡A mi no, Boogie! Vigílalo a él. Cuando era pequeño yo podía zurrarlo a gusto. Pero ahora ya tiene 17 años y el desgraciado puede pegarme

Panel 3: ¡Ahí estás sarnoso!

¡Han venido a decirme que te echarán del trabajo! ¿Qué has hecho, criminal?
¡La única vez que te he conseguido un trabajo digno!
Si no les gusta mi música, que se queden con su trabajo, chico
¡Debes tocar lo que ellos quieren!
¡Yo soy un artista, chico! ¡Un tecladista genial!
¡Toco lo que siento, chico! Y lo que siento es la salsa, chico. ¡Y bien picante! Quiero que la gente se sacuda, se retuerza, se enloquezca, chico

¡Y baile, chico! ¡A gozar! ¡Cosa buena! ¡Sabor!
¡Te echarán, demonio!
Pero a la gente le gusta. Me sigue, chico. Me piden a gritos "Pedro Navaja". El fin de semana vinieron más de mil, chico.
Oh, Boogie. Este hijo mío me va a matar
Parece razonable lo que dice Déjalo hacer su música
¡Es que toca el órgano en una iglesia anglicana Boogie!
Sheet

Algo como para Sam

GUNS & AMMO
Pero no estoy dispuesto a soportarla. He decidido suicidarme
Y para eso he venido, Boogie. A que me asesores sobre la mejor forma de hacerlo
LES TAMBOURS ONZE
JEAN LARTEGUY
Balazo en la cabeza, Sam
¿Tú crées?
Seguro
¿Qué me recomiendas?
Aguarda. Buscaré algo como para tí

Toma. Es un High Standard Sentinel Mark II 357 magnum. Agárralo con las dos manos. Es un poco pesado
¿En la sien ?
Con ese revólver, ten la certeza que te volarás el cráneo. Pero mas vale no arriesgar
Esto es lo mas seguro. En la sien suele fallar
¿Está cargado?

Toma
¿Cuánto debo pagarte por la bala?
Olvídalo. Es de una caja que me regalaron
Gracias. Pasa luego por casa a recuperar el arma
Oh Boogie... Me asombras. ¡Con qué cordialidad has tratado a ese hombre! Te he notado casi amable con él. Oye... me alegras
¿Me estaré poniendo viejo?

Entenderás que lo nuestro no va más

Me ha dicho que nos encontremos esta tarde, Boogie. Y me temo que sé la razón: ella quiere dejarme.

Bueno Galt... es nada mas que una mujer

Aún siendo solo una mujer, no puedo permitir que me abandone como a un perro

Oye....¿Qué hombre puede haber encontrado que me supere?
En la cama soy un superdotado. Me lo ha dicho. Por otra parte, soy un WASP: White-Anglosaxon-Southerner-Protestant
Y...mírame: 97 kilos de músculos acerados
Tengo dinero. Puedo comprar todas las estúpidas ropas que ella desee
No te extrañes, Galt, si esa zorra te dice que se ha enredado con algún intelectual asmático, graniento y judío. Woody Allen ha podrido todo con su mal ejemplo.
De ser así, no me inquieta. Me ocuparía de él, entonces, no de ella. Lo molería a golpes y eso le bastaría para desaparecer

Los intelectuales llaman inteligencia a la cobardía

Pero tal vez ella se haya liado con un karateca que la rondaba. Es por eso que quiero que me acompañes, Boogie

...por lo tanto, entenderás que lo nuestro no vá mas, Galt. He hallado el verdadero amor

Bien, bien... Y dime ¿Quién es el tipo?
No es un tipo. Es Marcia

Lo sabia, Boogie, lo sabía. Ningún hombre hubiese podido superarme

Estas son petunias

Acá hay otro aire ,otra brisa.
Esto es otra vida
¿Por qué no vienes
mas seguido ?

Detesto el campo.
Huele a bosta.
Se llenan los
zapatos de
tierra
Bromeas... Si es asi...
¿Por qué vienes a visitar
al viejo
Harold ?

Los muchachos de Ruddock me andan
buscando. Hablan a mi casa. Dicen
que dinamitarán todo el edificio
Oh, Boogie
Eso es
terrible

¿Que culpa tienen tus vecinos?
Me importan un pimiento los vecinos. Yo reventaré con ellos
Por eso yo me alejé de todo eso. Basta para mí.
Ahora mi vida es esto, la granja. Los tomates. Las coles. Los conejos
¿Conejos? ¿No les tiras?
Oh no, Boogie. Te dije que eso pertenece al pasado. No hallarás ni un rifle de aire comprimido aquí. No quiero oír hablar de armas

— Si conocieras la belleza del trabajo en la tierra me comprenderías, Boogie. Todo cuanto puedes ver lo hice con mis propias manos. Salvo aquel silo subterráneo

— ¿Almacenas granos?
— No. Es de la Fuerza Aérea. Hay un misil con cabeza nuclear allí abajo

— Es un MX intercontinental, de 200 megatones

Apunta directamente a la ciudad de Saratov, en las colinas del Volga

¿Ves Boogie? Estas son petunias

Un domicilio privado

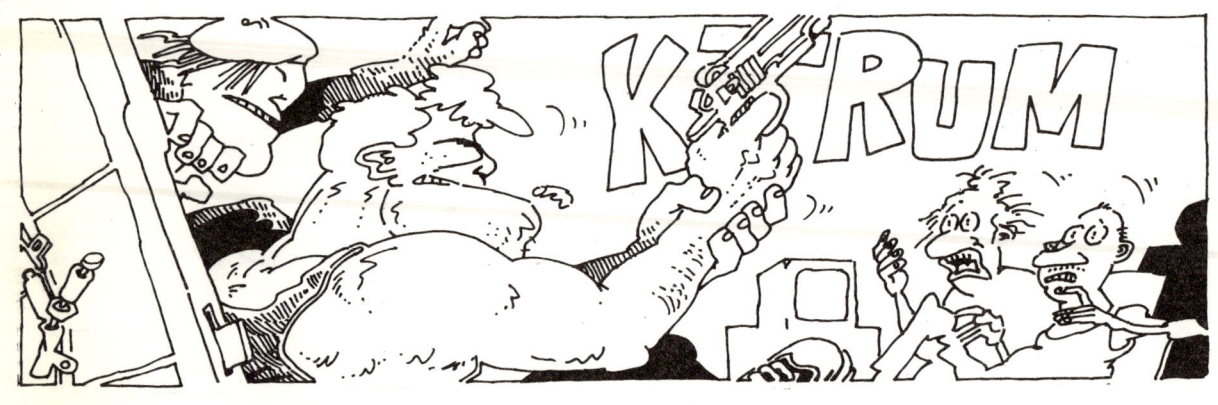

— Hazte a un lado, vieja. ¿Dónde está la nevera?

— ¡No pueden violar un domicilio privado!

— Oye, gusano... Estamos festejando la reconquista de Grenada. ¿Entiendes? Todo americano debe festejarlo. Y nos quedamos sin cerveza

— Además, no permitiremos que esta vieja te siga pegando. Sabemos que te castiga

— ¿¡Yo!?

— Si, vieja bruja

Él es un ciudadano norteamericano y debemos velar por su seguridad
Pero... ¡Yo tambien soy...!

¡Silencio! No hemos venido por propia voluntad. Los otros vecinos nos pidieron que interviniésemos. Ya no soportaban escuchar los lamentos de este gusano cuando tú le pegabas con una toalla

¡Qué mas hubiésemos querido nosotros que quedarnos tranquilos en casa, festejando
Pero lo hicimos por ti hermano
Ella no me pega

Ni lo hará jamás, hermano
Encontré pollo también
Llámanos si te ves en peligro
¿Ves esto, vieja bruja?
Ahí arriba estamos nosotros
Recuerda, viejo... Lo hacemos por tu seguridad

El día después

Oye... No seas flojo Entremos
Es aterrador Boogie

¡Pensar que eso nos puede suceder a nosotros!

Diablos...¡Esto debería verlo un imbécil que conozco! Un estúpido pacifista que...
Oye, Boogie...¡Este es un argumento formidable a favor de los pacifistas!

¿A favor! ¡No seas idiota Moe! ¡Mira! ¡Mira!

¡Mira lo que pasa por no ser mas fuertes, mas enérgicos, por no golpear primero!

El pacifista que te cuento era partidario del desarme

¡Allí tienes el resultado de confiar en los rusos!

Créo que lo llamaré a Kansas para decirle que...
¡Cielos, Boogie! ¡Eso transcurre precisamente, en Kansas!

Oh God...¡Cuánto me alegra!¡El estúpido de Ted estará sufriendo en carne propia su imbecilidad!
Ya lo créo... La gente de Kansas debe estar doblemente impactada. Es sólo ficción, pero de impresionante realismo
¿Ficción, dices? Oh...¡Shit! Yo creí que se trataba de una documental
¿Por qué no pasan la Pantera Rosa como siempre?

Es al revés, Nube Blanca

Apuesto doble contra sencillo a que te ríes..... Oye... Un señor vuelve a su casa y encuentra a su mujer acostada con otro. Le pregunta: "¿Qué hace ese hombre en mi cama?"

Y ella dice: "¡Maravillas, Peter, maravillas!"

¡Ahhhjajajajajaja es buenísimo!
Escucha, escucha este es sensacional

Una diligencia por el desierto. Es interceptada por los indios. El cacique indio ordena:

"Violar a los hombres. Matar a las mujeres."

Entonces el hechicero dice: "Es al revés, Nube Blanca: Violar a las mujeres. Matar a los hombres."

Se asoma un jóven rubio por una ventanilla de la diligencia y le grita:

¡Ay! ¿Y quién es usted, brujo, para contradecir al cacique?"
AAAHH JAJAJA JA

JAJAJA
CRASH

¡La copa!
¡Oh Diós, oh Diós! ¡Creo que me he cortado una vena!
Bueno, al menos, al final me ha alegrado la comida

FONTANARROSA DIBUJADO EN EDICIONES DE LA FLOR

**Casi 50 libros con lo mejor de su humor gráfico
¿los tiene todos?**

Boogie, el Aceitoso.
(Volúmenes 1 al 12)
Inodoro Pereyra, el Renegáu.
(Volúmenes 1 al 21)
El fútbol es sagrado
El segundo sexo de Fontanarrosa
El sexo de Fontanarrosa
Fontanarrosa continuará (agotado)
Fontanarrosa contra la cultura

Fontanarrosa de penal
Fontanarrosa es Mundial
Fontanarrosa y la pareja
Fontanarrosa y la política
Fontanarrosa y los médicos
Fontanarrisa (agotado)
Los clásicos según Fontanarrosa
¿Quién es Fontanarrosa? (agotado)
Semblanzas deportivas

Impreso y encuadernado en GRAFICA GUADALUPE
Av. San Martín 3773 (1847) Rafael Calzada
en el mes de enero de **1997**